FACULTÉ DE DROIT DE TOULOUSE.

Acte Public

POUR LA LICENCE.

MARIE ESCUDIER,

IMPRIMEUR-LIBRAIRE, RUE SAINT-ROME, 26.

1835.

A mon Père, à ma Mère,

Piété Filiale.

A MON ONCLE,

Notaire à Lavaur,

Amitié et dévouement sans bornes.

ACTE PUBLIC

POUR LA LICENCE,

En exécution de l'art. 4, tit. 2, de la loi du 22 ventôse, an 12.

SOUTENU PAR

M. Deltil (Barthélemy-Antoine-Prosper),

Né à Saint-Sulpice (Tarn).

JUS ROMANUM.

Lib. ii, Titulus i. — *De rerum divisione.* — *De traditione*

Jure personarum in libro primo institutionum exposito , ad rerum divisiones et diversos modos acquirendi dominium ex jure gentium transit Justinianus.

Duæ præcipuæ autem rerum divisiones versantur. In primâ enim res quæ in nostro patrimonio, in aliâ verò quæ extrà patrimonium nostrum sunt, distinguntur. In patrimonio nostro sunt res *communes*, res *publicæ*, res *universitatis*, res *singulæ*, res *nullius*; extrà patrimonium, res *sacræ*, res *religiosæ*, res *sanctæ*. — Dominia rerum quæ in nostro patrimonio esse possunt, multis modis nanciscimur; quarumdam jure naturali, quarumdam jure civili. Dominium verò sivè proprietas definitur : *Jus utendi et abutendi de re suâ quatenùs juris ratio patitur.* — Quatuor autem modis ex jure gentium dominia rerum acquirimur; 1° *occupatione*, quæ dividitur in occupationem bellicam, et in inventionem; 2° *accessione*, quæ in accessionem naturalem, in accessionem industrialem, in accessionem mixtam dividitur; 3° *fructuum perceptione*, *et fructus sunt merè naturales, industriales et civiles*; 4° et deniquè *traditione* quæ specialiter nobis discertanda committitur.

In antiquiore jure romano sola traditio ad acquirendum dominium civile non sufficiebat. Res omnes enim dividebantur in *res mancipi* et *res nec mancipi*. Magna autem erat differentia inter eas; nam circà res mancipi nuda traditio dominium civile seu quiritarium non transmittebat; sed requirebatur propria species alienationis quæ *mancipatio*, vocabatur. Attamen dominium quiritarium transmitti poterat per *in jure cessionem*, sicuti docet Ulpianus in fragmentis. Si nec mancipatio, nec in jure cessio intervenisset, ille cui res mancipi tradebatur, eas tantùm habebat in bonis donec eas usucaperet, tempore à lege definito. — Rerum autem nec mancipi dominium civile acquirebatur solà traditione.

Sed Justinianus omnem differentiam sustulit inter res mancipi et nec mancipi, inter dominium quiritarium, et dominium naturale seu bonitarium. Ideò res omnes tam stipendiaria quoque et tributaria traditione alienabantur. — *Traditionibus et usucapionibus non nudis pactis dominia rerum transferuntur.* Principium illud memorandum quod apud nos non invenitur (Vid. art. 711, 1138, 1141 code civil).

Ex lege romanâ XX ff. colligitur. — Excipiebantur tamen res venditæ ; nam in emptione et venditione non aliter dominium acquirebatur , quàm si emptor pretium solvisset , aut expromissorem vel pignus dedisset, nisi venditor emptori fidem secutus fuerit. — Prætereà plures in jure romano traditionum species admittuntur. Traditio enim *vera* est aut *ficta*. Traditio ficta subdividitur , in *simbolicam* , *brevis manus*, *longæ manùs*. Tria in fine notanda sunt : 1° eamdem vim habere et eosdem effectus producere, prædictæ traditionis species ; 2° parvi refere an dominus ipse tradat , an voluntate ejus alius ; 3° denique in incertam personam collata voluntas domini transfert rei proprietatem.

CODE CIVIL.

Liv. ii, Tit. iv. — *Des Servitudes ou Services fonciers.*

Le premier soin du nouveau législateur, en s'occupant de cette matière , a été d'écarter toute idée de privilége personnel que pourrait faire naître le mot *servitude*. C'est une charge, dit-il , imposée sur un héritage pour l'usage et l'utilité d'un autre héritage appartenant à un autre propriétaire. Mais cette charge n'établit aucune prééminence d'un héritage sur l'autre. Ainsi est bannie la distinction établie dans l'ancien droit, entre les servitudes *personnelles* et les servitudes *réelles*. D'après nos principes , les servitudes ne peuvent dériver que de la nature du lieu , de la loi ou de la convention des parties. Ces mots *servitudes*, *services fonciers* ne sont employés que pour la facilité du langage.

CHAPITRE Ier.

Des Servitudes qui dérivent de la situation naturelle des lieux.

La nature veut que les eaux suivent une pente inclinée par rapport à leur source ; dans ce cas , les fonds inférieurs sont soumis à recevoir celles qui découlent des fonds supérieurs. La force des choses le veut ainsi , et la loi s'oppose à ce que les propriétaires mettent obstacle à cet ordre naturel.

Celui dans le fonds duquel l'eau surgit , a le droit de s'en servir , c'est sa propriété. Comme toute autre propriété, un tiers peut l'acquérir par titre ou par prescription trentennaire , prescription qui commence à courir du jour où le propriétaire inférieur a fait et terminé des ouvrages apparens propres à faciliter la chute des eaux. Mais ces ouvrages doivent-ils être faits sur le fonds supérieur ou sur le fonds inférieur ? La cour de cassation paraît avoir décidé cette grave difficulté dans le sens de la première opinion. — L'utilité publique réclamait que la loi apportât encore une modification au droit du propriétaire d'une source, en faveur des communes , villages ou hameaux qui en avaient besoin , sauf cependant indemnité , lorsque les habitans n'en auraient pas prescrit l'usage (art. 643). Le code civil a restreint la loi du 28 septembre 1791 , qui permettait à celui dont la propriété borde une eau courante de faire usage de cette eau même dans les fleuves ou rivières navigables et flottables ; il ne peut à présent jouir de cet avantage que dans les rivières qui ne sont pas déclarées faire dépendance du domaine public. Dès qu'il s'en est servi , il doit rendre l'eau à son cours ordinaire. Les contestations qui peuvent s'élever à cet égard sont jugées tantôt par les tribunaux civils , tantôt par l'autorité administrative.

Nul ne peut être contraint de rester dans l'indivision. De là , la conséquence que tout propriétaire peut clore son héritage , et qu'il peut contraindre son voisin à contribuer aux frais pour le bornage de leurs propriétés contigues. Le propriétaire qui veut se clore perd son droit au parcours et vaine pâture , en proportion du terrain qu'il y soustrait (art. 648 du code civil et la loi de 1791 précitée).

CHAPITRE II.

Des servitudes établies par la loi.

La loi établit des servitudes pour l'utilité publique ou communale, ou pour l'utilité des particuliers. Les premières qui concernent les ouvrages publics sont régies par des réglemens d'administration; le code civil y renvoie. Les secondes s'appliquent aux objets qui forment la propriété des particuliers, et dont nous allons parler d'après l'ordre suivi par le législateur.

1° *Du mur mitoyen.* Tout mur servant de séparation entre bâtimens jusqu'à l'héberge ou sommité du mur inférieur, entre cours ou jardins, soit à la ville, soit à la campagne, même entre enclos dans les champs, est présumé mitoyen. C'est là une présomption légale qui ne doit céder. qu'à un titre ou à une marque du contraire. Le code civil indique trois cas où cette marque existe. (654.) On présume dans ces cas que ce mur appartient à celui qui reçoit les eaux pluviales dans son fonds, d'après le plan incliné du mur ou d'après les constructions qu'on y a faites. La mitoyenneté une fois reconnue, voici les conséquences qu'on doit en tirer. Les deux copropriétaires doivent contribuer proportionnellement à la réparation ou reconstruction du mur mitoyen. Si l'un d'eux veut s'affranchir de cette charge, il doit abandonner son droit de mitoyenneté; il ne le peut pas si le mur moyen soutient un bâtiment qui lui appartienne. Mais cette exception de ne pas contribuer aux réparations ne s'applique qu'à la campagne. Dans les villes et les faubourgs au contraire ces réparations sont forcées; c'est ce qui résulte de l'art. 663. Tout copropriétaire peut faire bâtir contre un mur mitoyen, et y faire placer des poutres ou solives en se conformant aux dispositions de l'art. 657. Si l'un des copropriétaires veut faire exhausser le mur, il doit payer l'exhaussement et les réparations qui en dépendent. Si le mur ne peut pas supporter cet exhaussement, il doit faire reconstruire le mur en entier et à ses frais. Le nouveau mur étant devenu sa propriété, le voisin n'y a aucun droit, à moins qu'il n'offre la moitié du prix qu'il a coûté, et la moitié de la valeur du sol sur lequel le mur est bâti. L'un des voisins ne peut pratiquer dans le mur aucun enfoncement, ni y appliquer ou appuyer aucun ouvrage sans le consentement de l'autre ou sans avoir fait régler par experts les moyens propres à empêcher que les ouvrages puissent lui porter préju- aucun dice. L'art. 664 dispose ce qui concerne la mitoyenneté du mur et les droits respectifs des divers copropriétaires d'une maison. Enfin lorsqu'on reconstruit un mur mitoyen ou une maison, les anciennes servitudes renaissent, à moins que la prescription ne soit encourue.

2° *Des fossés.* Tous fossés entre héritage sont présumés mitoyens, s'il n'y a titre ou marque du contraire. Il y a marque de non mitoyenneté lorsque le rejet de la terre se trouve seulement d'un côté. Le fossé est censé appartenir en entier à celui du côté duquel le rejet se trouve. Le fossé mitoyen doit être entretenu à frais communs.

3° *Des haies.* Toute haie qui sépare des héritages est réputée mitoyenne, s'il n'y a titre ou marque du contraire. Cette présomp- tion cesse lorsqu'il n'y a qu'un seul des héritages en état de clo- ture, ou lorsque la prescription a été acquise. Il ne s'agit ici que de haies vives.

4° *De la plantation d'arbres et de haies près de l'héritage voisin.* Les arbres peuvent être plantés ou dans une haie mitoyenne, ou dans l'héritage d'un seul. Dans le premier cas les arbres sont mitoyens comme les haies. Dans le second cas il faut observer les distances voulues par les réglemens spéciaux ou par les usages des lieux : et à défaut de réglemens ou usages, l'art. 671 règle la distance.

5° *De la distance et des ouvrages intermédiaires requis pour certaines constructions.* Ces constructions énoncées dans l'art. 674 pourraient nuire au voisin du mur mitoyen, si celui-ci ne pouvait contraindre l'autre à observer les distances voulues par les réglemens spéciaux ou par les usages des lieux. Et à défaut de réglemens ou usages, l'art. 671 règle la distance.

6° *Des vues.* La loi distingue deux sortes de vues : les unes sont appelées *jours*, parce qu'elles sont établies par des ouvertures uniquement destinées à éclairer l'intérieur des maisons; les autres sont à proprement parler appelées *vues*, parce que les fenêtres qui servent à les établir sont destinées à procurer l'avantage au propriétaire de la maison de porter ses regards sur la propriété du voisin. Ces vues sont droites ou obliques. Un voisin peut-il pratiquer dans le mur des fenêtres ou ouvertures? Il faut distinguer, 1° ou le mur est mitoyen, et dans ce cas il ne le peut sans le consentement de l'autre. 2° Ou le mur n'est pas mitoyen, et alors le propriétaire peut pratiquer dans ce mur des ouvertures pour de simples jours, mais en observant les conditions prescrites par les art. 676-677. Enfin on ne peut avoir sur l'héritage voisin des vues droites ou obliques, s'il n'y a pour les premières six pieds de distance, et pour les secondes deux pieds seulement.

7° *Des égoûts.* — Tout propriétaire doit établir des toits de manière que les eaux pluviales s'écoulent sur son terrain ou sur la voie publique ; il ne peut les faire verser sur le fonds de son voisin.

8° *Du passage.* — Quant au droit de passage dans le cas où un héritage est enclavé, nous ferons seulement remarquer que cette servitude fondée sur la nécessité de l'agriculture, ne peut être prescrite. Le propriétaire du fonds enclavé peut toutefois prescrire l'indemnité due au propriétaire sur le fond duquel il est obligé de passer, suivant la disposition de l'art. 683.

CHAPITRE III.

Des servitudes conventionnelles.

Les servitudes conventionnelles sont urbaines ou rurales, continues ou discontinues, apparentes ou non apparentes : 1° On appelle servitudes *urbaines*, celles qui sont établies pour l'usage des bâtimens, en quelque lieu qu'ils soient situés, *rurales*, celles qui sont établies pour l'usage des terres. 2º La loi définit les servitudes *continues*, celles dont l'usage est ou peut être continu sans qu'il soit besoin du fait actuel de l'homme pour être exercée. (Art. 688); *discontinues*, celles qui ont besoin du fait actuel de l'homme pour être exercés. 3º Les servitudes *apparentes* sont celles qui s'annoncent par des ouvrages extérieurs. Les servitudes *non apparentes* sont celles qui n'ont pas de signe extérieur de leur existence.

Ces diverses servitudes s'acquièrent de différentes manières. Il faut distinguer d'abord si la servitude est continue et apparente, ou bien si la servitude est discontinue. Dans le premier cas la servitude s'acquiert par titre, par la prescription et par la destination du père de famille. Cette destination existe, lorsqu'il est prouvé que les deux fonds actuellement divisés ont appartenu au même propriétaire et que c'est par lui que les choses ont été mises dans l'état duquel résulte la servitude.

Mais si la servitude est discontinue, même apparente, la possession même immémoriale ne suffit pas pour l'établir. L'art. 691 code civil apporte toute fois une exception à l'égard des servitudes discontinues, déjà établies par la possession immémoriale avant le code civil.

L'usage de ces servitudes se règle ordinairement par le titre constitutif, et si les parties ont gardé le silence sur ce point important, il faut se conformer aux dispositions suivantes : 1º Celui à qui une servitude est due, a droit à tout ce qui est nécessaire pour en user, sans pouvoir faire de changement qui l'aggrave. 2º Le créancier de la servitude doit faire les ouvrages nécessaires non seulement pour en user, mais encore pour la conserver; ces ouvrages doivent être faits à ses frais. 3º Le propriétaire du fonds qui doit la servitude ne peut rien faire qui tende à en diminuer l'usage, encore moins de l'empêcher. 4º La division du fonds sur lequel la servitude est due n'empêche pas la continuation de la servitude pour chaque portion , mais la loi exige que la condition du fonds servant n'en soit pas aggravé ; ainsi , s'il s'agit d'un droit de passage, tous les copropriétaires sont obligés de l'exercer par le même endroit.

Après avoir vu comment les servitudes de toute espèce s'acquièrent et se conservent soit d'après le titre , soit d'après la loi , il faut voir comment elles s'éteignent. Les servitudes s'éteignent , 1° lorsque les choses sont devenues en un tel état que l'usage en est impossible. Elles revivent néanmoins si les choses sont rétablies de manière qu'on puisse les exercer , à moins qu'il ne se soit déjà écoulé un temps suffisant pour la prescription. 2° Les servitudes s'éteignent encore par la confusion , c'est-à-dire, lorsque le fonds auquel la servitude est due, et le fonds qui la doit , sont réunis sur la même tête : *Nemini res sua servit.* 3° Enfin, la prescription trentennaire suffit pour éteindre les servitudes. Il est à remarquer que, si parmi les copropriétaires il y en a un qui use de la servitude , sa jouissance empêche la prescription à l'égard de tous ; de même que si parmi eux se trouve un mineur à l'égard duquel la prescription ne peut courir , celui-ci conservera le droit de tous les autres. Il faut remarquer encore que le mode de la servitude peut se prescrire comme la servitude elle-même et de la même manière. Mais de quel jour la prescription doit-elle courir? s'il s'agit de servitudes discontinues, c'est du jour où l'on cesse de jouir ; s'il s'agit au contraire de servitudes continues , c'est seulement du jour où il a été fait un acte contraire à la servitude.

CODE DE PROCÉDURE.

Liv. ii. Tit. xiii. — *Des descentes sur les lieux.*

La loi voulant établir dans les procès la vérité par tous les moyens propres à la faire découvrir, prévoit le cas où la décision de la contestation dépend de l'inspection des lieux qui en font l'objet ; elle suppose aussi qu'un simple rapport d'experts ne suffirait pas , à moins que les parties ne réclament l'un et l'autre. Dans ce cas , le tribunal est autorisé à commettre un juge pour faire la descente sur les lieux. Le juge doit être pris parmi ceux qui ont assisté à la cause ; le motif de cette décision est extrêmement raisonnable. Après que ce jugement a été rendu ; là partie la plus diligente présente une requête au juge-commissaire qui rend au bas une ordonnance dans laquelle sont fixés les lieux, jour et heure de la descente. La signification en est faite d'avoué à avoué , et elle vaut sommation. le juge-commissaire arrivé sur les lieux, dresse un procès-verbal sur lequel il est fait mention des jours employés aux transport, séjour et retour. L'expédition de ce procès-verbal est délivrée à la partie qui le requiert ; elle en fait signifier la copie par acte d'avoué ; et trois jours après cette signification , elle poursuit l'audience sur un simple avenir. C'est à la partie requérante à faire les avances des frais de transports, elle doit les consigner au greffe. Le ministère public ne doit assister à la descente que dans les cas où il est lui-même partie.

Tit. xvi. — Des incidens.

Toute demande introduite par un exploit, entre les parties qui n'étaient pas en contestation, se nomme demande principale. L'instruction de cette demande est souvent entravée par de nouvelles circonstances qui surgissent pendant le procès, soit pour en écarter le fond , soit pour obtenir de nouvelles preuves nécessaires à l'une ou à l'autre des parties. Ces circonstances qui varient à l'infini se nomment incidens. On en distingue deux espèces : ceux que les parties élèvent elles-mêmes, on les nomme simplement demandes incidentes ; et ceux qui surviennent par des personues jusqu'alors étrangères à la contestation, on les appelle interventions.

Des demandes incidentes. Les parties étant déjà en présence, elles ne doivent pas introduire leurs demandes incidentes, comme elles l'ont fait pour la demande principale. Ainsi ce n'est pas par acte d'huissier, mais par acte d'avoué à avoué que doivent se former les demandes incidentes. Cet acte doit contenir les moyens et les conclusions de la partie, avec offre de communiquer les pièces justificatives sur récépissé, ou par dépot au greffe. Le défendeur à l'incident donne sa réponse également par un simple acte d'avoué. Toute partie doit réunir dans le même acte toutes les demandes qu'elle se croit en droit de former. Ce n'est pas que les demandes qui seraient formées postérieurement fussent nulles, mais les frais seraient à la charge de celui qui les aurait introduites; à moins cependant que la cause de la nouvelle demande n'existât pas à l'époque des autres incidens. Les incidens seront jugés avant le fonds, si les juges le trouvent convenable. Dans les affaires qui s'instruisent par écrit, le juge-commissaire qui en est saisi doit renvoyer les incidens à l'audience pour être statué ce qu'il appartiendra.

De l'intervention. Un tiers peut intervenir dans un procès lorsqu'il y a un véritable intérêt. Il y intervient de deux manières, *activement* ou *passivement*. Dans le premier cas c'est de son chef, dans le second c'est lorsque les parties déjà en instance l'y appellent. Le législateur ne s'occupe ici que de l'intervention active. Cette demande se forme par une requête contenant les moyens et les conclusions, dans lesquels l'intervenant doit prouver sa qualité. Il est donné copie du tout ainsi que des pièces justificatives aux avoués déjà en cause. *Tout intervenant doit venir prêt.* Tel est l'adage du palais qui a dicté l'art. 340 de notre code. Les tribunaux jugeront suivant les circonstances les délais qu'il doit obtenir pour la défense de ses droits. Lorsque l'intervention est contestée, l'incident qui s'élève alors doit être porté à l'audience dans les procès qui s'instruisent par écrit. Ce jugement est sujet à l'appel.

CODE DE COMMERCE.

LIV. I. TIT. III. — *Des sociétés.*

On distingue deux principales sortes de sociétés : les sociétés civiles, c'est-à-dire qui se forment entre des particuliers non commerçans ; les règles qui leur sont relatives, sont spécialement traitées dans un livre particulier du code civil, et les sociétés commerciales, dont s'occupe le code de commerce. Les règles concernant les sociétés civiles s'appliquent aux sociétés de commerce dans les points qui n'ont rien de contraire aux lois et usages du commerce. Avant donc de nous occuper de celles-ci, il faut examiner les principes qui s'appliquent aux unes et aux autres.

La société est un contrat par lequel deux ou plusieurs personnes conviennent de mettre quelque chose en commun, dans la vue du bénéfice qui pourra en résulter. C'est un contrat synallagmatique parfait, et comme tous les autres contrats, il doit réunir les conditions requises par l'art. 1108 du Code civil. La société se forme des objets réels ou de l'industrie que chacune des parties y apportent : il est de son essence : 1° qu'elle soit contractée pour l'intérêt commun des parties, 2° que chaque partie se propose dans le contrat de faire un gain. L'équité d'accord avec la loi exigent que la part que chacun en retire, soit en proportion de son apport. Régulièrement chacun des associés doit supporter dans la perte que fera la société, la même part qu'il doit avoir dans le gain. Mais les parties peuvent par une convention expresse faire exception à ces deux principes. — Il est évident que chaque associé est débiteur envers la société de tout ce qu'il a promis d'y apporter. Mais s'il est en retard, qu'il soit constitué en demeure, il faut observer les règles posées par les art. 1138, 1139, 1146 du Code civil.

Quant à l'administration, si le pouvoir d'administrer a été donné en termes généraux, on applique les art. 1988, 1989 du Code civil. Lorsque l'acte de société ne contient aucune clause sur le mode d'administration ; tous les associés sont administrateurs ; ce que chacun d'eux fait est valable et oblige tous ces coassociés. La société a toujours recours contre celui qui lui a porté préjudice , et réciproquement la société doit indemniser l'associé qui a fait des avances pour elle durant le cours de sa gestion.

Des Sociétés commerciales en particulier.

La loi reconnaît trois espèces de sociétés commerciales. Il en est encore une quatrième, mais nous verrons que, ne présentant pas les caractères des autres sociétés , la loi n'a pas dû lui en donner le nom.

1° *De la société en nom collectif.* — L'art. 20 de notre Code en donne la définition. C'est , dit-il , la société que contractent deux personnes ou un plus grand nombre, et qui a pour objet de faire le commerce sous une raison sociale. Son caractère distinctif est de rendre les associés solidaires des engagemens contractés même par un seul, sous la signature de la raison sociale. Cette solidarité est tellement de son essence , que les associés non gérans ne pourraient pas, par l'abandon de leur intérêt , s'en affranchir. Les noms des associés peuvent seuls faire partie de la raison sociale.

La société en nom collectif peut se former par acte public ou sous signature privée; dans ce dernier cas, il faut autant d'originaux qu'il y a d'associés. La preuve par témoins n'est pas admise contre et outre le contenu dans les actes de société. Un extrait des actes de société en nom collectif, doit être remis au greffe du tribunal de commerce, transcrit et affiché à peine de nullité. La continuation d'une société se constate de la même manière que sa formation. Toute modification apportée aux premières conditions exige des formalités semblables. Toutes ces formalités doivent être observées à peine de nullité à l'égard des intéressés , mais le défaut d'aucunes d'elles ne peut être opposé à des tiers par les associés.

2° *De la société en commandite.* —La société en commandite se contracte entre un ou plusieurs associés responsables et solidaires, et un ou plusieurs associés simples bailleurs de fonds , que l'on nomme commanditaires ou associés en commandite. Les associés responsables sont tenus indéfiniment de tous les engagemens de la société , sans pouvoir par une convention limiter leurs risques à leur mise. Ceux qui n'entrent dans la société que comme simples bailleurs de fonds, ne sont passibles des pertes que jusqu'à concurrence des fonds qu'ils ont versés dans la société. Ils ne peuvent faire aucun acte de gestion, même par procuration, sous peine de devenir solidairement obligés pour toutes les dettes et engagemens de la société. — L'espèce de société qui nous occupe est soumise aux mêmes formalités que celles en nom collectif , sauf les différences suivantes : l'extrait affiché ne doit point contenir le nom des associés commanditaires , il doit désigner le montant des valeurs fournies ou à fournir par action ou en commandite. Enfin, si l'acte est sous signature privée, il suffit qu'il soit signé par les associés solidaires ou gérans.

3° *De la société anonyme.* — La société anonyme est celle que contractent plusieurs personnes , qui contribuent de leurs fonds et de leurs soins à l'exploitation d'une industrie. Elle ne peut être désignée que par l'objet de son entreprise; elle est administrée par des mandataires qui ne doivent pas excéder les bornes de leur gestion, et qui sont seulement responsables de l'exécution du mandat qu'ils ont reçu. Les associés anonymes ne sont passibles que de la perte de leur intérêt dans la société. Ils peuvent diviser le capital de la société en actions ou même en coupons d'actions, qu'ils ont la faculté de vendre et de céder. L'autorisation du roi est nécessaire pour cette espèce de société qui ne peut être formée que par des actes publics. L'acte contenant l'approbation du gouvernement doit être affiché avec l'acte d'association pendant le délai de trois mois , dans la salle des audiences du tribunal de commerce.

De l'association en participation. Les associations en participation diffèrent sous plusieurs rapports des autres sociétés dont nous venons de parler. Au lieu d'embrasser le commerce sous un point de vue général , elles ne sont relatives qu'à une ou plusieurs opérations déterminées et momentanées , dont la fin anéantit de plein droit la société. Elle n'a d'effet qu'entre les associés, et nullement à l'égard des tiers auxquels elle ne peut nuire ni profiter. C'est pour cela qu'elle n'a point de raison sociale, et qu'elle n'est point assujettie aux formalités prescrites pour les autres sociétés. Elle peut être faite verbalement ; et si elle est déniée, on peut la constater par la représentation du livre de la correspondance , ou par la preuve testimoniale, si le tribunal juge à propos de l'admettre.

De la dissolution des sociétés.

La société se dissout ; 1° par l'expiration du temps pour lequel elle a été contractée, 2° par la consommation de la négociation qui en a été l'objet, par l'extinction de la seule chose formant à elle le fonds commun, 4° par la mort naturelle ou civile de l'un des associés , sans préjudice des accords sociaux qui peuvent être faits , 5° par l'interdiction , la faillite ou la déconfiture de l'un des associés , 6° enfin, par la volonté qu'un seul ou plusiers associés expriment de ne plus être en société. Cette renonciation doit être de bonne foi , et ne doit pas être faite à contre temps.

Des contestations entre assosiés.

L'intérêt et la prospérité du commerce exigent que les contestations entre associés soient bientôt terminées. Aussi la loi veut-elle que toute contestation entre associés , et pour raison de la société , soit jugée par des arbitres. L'arbitrage étant forcé en cette matière, l'incompétence des tribunaux de commerce est d'ordre public , et le déclinatoire peut être proposé en tout état de cause. Les associés eux-mêmes peuvent nommer les arbitres ; sur leur refus, le tribunal les nomme d'office. Cette nomination peut être révoquée par les associés, tant que les arbitres ne se sont pas formés en tribunal arbitral. Si les parties ne s'accordent pas, lors de la nomination, sur le délai pour le jugement, il est réglé par le juge. La procédure à suivre dans l'arbitrage est simple, et on en a éloigné les formalités qui pourraient entraver sa marche. Les associés remettent leurs pièces et mémoires aux arbitres ; celui qui est en retard est sommé de le faire dans les dix jours. Ce délai peut être prolongé par les arbitres. Après l'expiration de tous les délais, le jugement est rendu. En cas de partage, les arbitres nomment un sur-arbitre, s'il n'est déjà nommé par le compromis. Le jugement arbitral, motivé, est déposé au greffe du tribunal de commerce ; le président le rend exécutoire par une ordonnance. Si l'on n'a pas renoncé à l'appel, on pourra le porter devant la cour royale, ou se pourvoir en cassation. Le tuteur ne peut pas y renoncer pour son pupille. Toute action à exercer contre les associés ou leurs représentans est prescrite par le laps de cinq années.

Cette thèse sera soutenue le 3 août 1835, à 10 heures du matin.

Vu par le Président de la Thèse,

FERRADOU.

Toulouse.—Imprimerie de Marie ESCUDIER, rue St-Rome, n° 26.